AF360007

# OMPHALE,
## TRAGÉDIE,

### REPRÉSENTÉE,

### POUR LA PREMIERE FOIS,

### PAR L'ACADEMIE-ROYALE DE MUSIQUE,

En 1701. Reprife en 1721, en 1733, en 1752.

Et remife au Théâtre le Mardi 2 Mai 1769.

**PRIX XXX. SOLS.**

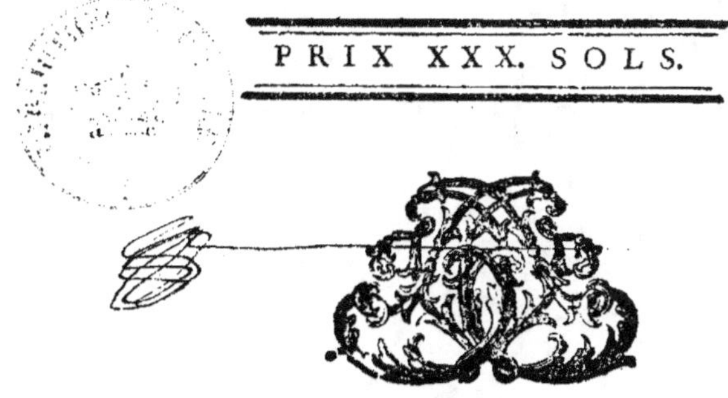

*AUX DÉPENS DE L'ACADÉMIE.*

A PARIS, Chés DE LORMEL, Imprimeur de ladite Académie, rue du Foin, à l'Image Sainte Genevieve.

On trouvera des Exemplaires du Poeme à la Salle de l'Opera.

M. DCC. LXIX.
*AVEC APPROBATION ET PRIVILEGE DU ROI.*

Le Poëme est *DE LA MOTHE.*

La Musique est de *M. CARDONNE,*
Ordinaire de la Musique du *ROI.*

# ACTEURS CHANTANTS.
## *DANS LES CHŒURS.*

CÔTÉ DU ROI.

| *Mesdemoiselles.* | *Messieurs.* |
| --- | --- |
| Durand. | Héri. |
| Guillaume. | Cailteau. |
| Fontenet. | Candeille. |
| le Bourgeois | Van-Hecke. |
| Veron. | Vatelin. |
| Renard. | Beghaim. |
| Girardin. | Larssure. |
| Prieur. | Fradelle. |
| Beauvernier. | Robin. |
|  | Méon. |
|  | Botson. |
|  | Cleret. |
|  | Tacusset. |

CÔTÉ DE LA REINE.

| *Mesdemoiselles.* | *Messieurs.* |
| --- | --- |
| Hebert. | l'Écuyer. |
| d'Agée. | Albert. |
|  | Tourcati. |
| Jouette. | Paris. |
| des Rosieres. | Lagier. |
| de l'Or. | Ghuiot. |
|  | Capoi. |
| Chenais. | Boi. |
| le Queux. | Laurent, l. |
| Fabri. | Huet. |
| Denis. | Itasse. |
|  | Parant. |
| Héri. | Royer. |
|  | Baillion. |

# ACTEURS CHANTANTS.

ALCIDE,                    M. l'Arrivée.

OMPHALE, *Reine de Lidie*,   M<sup>lle</sup>.l'Arrivée.

IPHIS, *fils du Roi d'Æcalie*,   M. le Gros.

ARGINE, *Magicienne*,      M<sup>lle</sup>. du Bois.

CÉPHISE, *confidente d'*OMPHALE, M<sup>lle</sup>. du Puis.

UNE BERGERE,          M<sup>lle</sup>. Rosalie.

UNE THEBAINE.         M<sup>lle</sup>. Rosalie.

*LIDIENS & LIDIENNES.*

*HÉROS, CAPTIFS, MAGICIENS, PRÊTRESSES de L'AMOUR.*

La Scêne est à Sardis, Capitale de la Lidie.

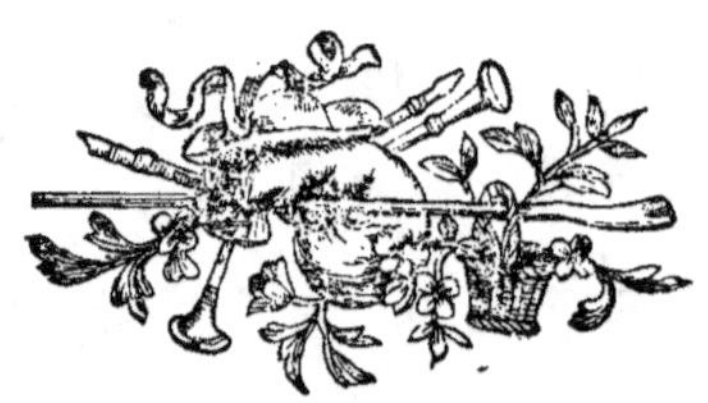

# PERSONNAGES DANSANTS.

## ACTE PREMIER.
### LIDIENS et LIDIENNES.
M<sup>de</sup>. PITROT.

M<sup>rs</sup>. RIVIERE, DES PREAUX.

M<sup>rs</sup>. Trupti, Lani, Granier, Martinet, Fay, le Grand, Gallet, du Chesne.

M<sup>lles</sup>. de Miré, Gaudot, Grandi, Delfevre, Blondeval, Testard, Gillsenan, Tacite.

### BERGERS et BERGERES.
M. SIMONIN, M<sup>lle</sup>. DU PEREL.

M<sup>rs</sup>. du Bois, Gardel, Caster, Hennequin, c.

M<sup>le</sup>. le Roi, Louison, de l'Aunai, Buret.

## ACTE SECOND.
### MORES et MORESSES.
M. DAUBERVAL, M<sup>lle</sup>. MION.

M<sup>rs</sup>. Giguet, la Rue, Allix, Beaulieu, le Roi, Hennequin, c.

M<sup>lles</sup>. Vernier, Villette, le Roi, Isoire, Fonbel, Aubert.

### AFFRICAINS.
M. GARDEL.

M<sup>rs</sup>. Dossion, Aubri, Pierson, Leger, Hennequin, c., des Jardins.

M<sup>lles</sup>. Lavau, David, de Bagé, Murès, Martin, Montauban.

# ACTE TROISIEME.

## GRECS ET GRECQUES.

M. VESTRIS, Melle. HEJNEL.

M. SIMONIN, Mlle. AUDINOT.

Mrs. Du Bois, Doffion, Alix, Gardel, c., Cafter, Gallet, Aubri, le Grand, Balderoni, Hennequin, c, Martinet, le Roi.

Mlles. Adélaïde, la Fond, Gaudot, Grandi, d'Auvilliers, Gillfenan, Mercier, Riviere, Aubert, Rofette, Teftart, Villette.

## DÉMONS.

Mrs. Beaulieu, le Grand, Pierfon, Hennequin, l., du Chefne, Fay, Abraham, des Jardins.

# ACTE QUATRIEME.

## MAGICIENS.

M. RIVIERE.

Mrs. ROGIER, LEGER.

Mrs. DES PREAUX, DU PRÉ.

Mrs. Trupti, Granier, Lani, Fay, Lieffe, Pierfon, le Grand, Beaulieu, Hennequin, l, du Chefne, des Jardins, Abraham.

# ACTE CINQUIEME.

## PRÊTRESSES DE L'AMOUR.

Mlle. GUIMARD.

Mlles. DU PEREI, AUDINOT.

Mlles. Adélaïde, la Fond, d'Auvilliers, Mercier, Ifoire, Riviere, Aubert, Chaffaigne.

## LIDIENS ET LIDIENNES.

M. VESTRIS.

M. LANI, Mlle. ALLARD, M. D'AUBERVAL.

Mrs. Trupti, Lani, Granier, des Preaux, Fay, le Grand, Gallet, du Chefne.

Mlles. de Miré, Gaudot, Grandi, Blondeval, Teftard, Gillfenan, Tacite, Rofette.

# OMPHALE,
## *TRAGÉDIE.*

## ACTE PREMIER.

*Le Théâtre repréfente des Arcs de Triomphe, élevés à la gloire d'ALCIDE, devant le Temple de JUPITER.*

## SCÉNE PREMIERE.

### IPHIS, *feul.*

CAlme heureux, agréable paix,
C'eft en vain que je vous rappelle ;
Calme heureux, agréable paix,
Non, ce n'eft plus pour moi que vos plaifirs font faits.

Languiſſant ſous le poids d'une chaîne cruëlle,
Je ne me plains qu'à moi de mes tourments ſecrèts ;
Mais, malgré ma contrainte & ma douleur mortelle,
Mon amour prend ſans-cèſſe une force nouvelle ,
        Il ſe nourrit de mes regrèts.

        Calme heureux , agréable paix ,
        C'eſt en vain que je vous rappelle ;
        Calme heureux , agréable paix ,
Non , ce n'eſt plus pour moi que vos plaiſirs ſont faits.

                ( *On entend un bruit de trompettes.* )

D'Alcide on va chanter la nouvelle victoire ;
Ce bruit, de ſon triomphe eſt l'éclatant ſignal.

        Tout retentit, tout parle de ſa gloire ;
Tandis que pour la Reine épris d'un feu fatal ,
        Je perds le ſoin de ma mémoire :
Lâche ! l'ai-je ſuivi pour l'imiter ſi mal ?

## SCÈNE II.

ALCIDE & sa suite, IPHIS.

*ALCIDE, à sa Suite.*

Les rebelles soûmis gémissent dans les fers ;
Mais c'est assés des maux qu'ils ont soufferts,
Rassemblés-les, pour voir brîser leur chaîne.

Vous, allés ; que vos soins répondent à mes vœux :
Que ceux qui m'ont suivi se préparent aux jeux
Que je dois offrir à la Reine.

## SCÈNE III.

ALCIDE, IPHIS.

*ALCIDE.*

Que servent les honneurs qu'on rend à mes
exploits ?
Malheureux ! tout mon cœur s'ouvre au trait qui
le blesse :
Mille cruëls transports m'agitent à la fois.
O barbare ennemie ! implacable Déèsse,

B

Junon, tu t'applaudis du trouble où tu me vois.

### I P H I S.

Au sein de la victoire,
Votre cœur laîſſe encore échapper des ſoûpirs !
Vous ne ſauriés deſirer plus de gloire ;
Quel autre bien fait naître vos deſirs ?

### A L C I D E.

Apprends, cher Prince, apprends ma foibleſſe ſe-
crette.
On vante mon triomphe, & je ſens ma défaite.

### I P H I S.

Quoi, Seigneur ?

### A L C I D E.

J'ai ſervi la reine de ces lieux ;
J'ai puni les mutins, qui troubloient ſon empire :
J'ai ſauvé, par la mort d'un monſtre furïeux,
Tout ce que ſa fureur étoit prête à détruire :
Que ſervent à mon cœur ces exploits glorïeux ?
Il ſe trouble, il languit, tu l'entends qui ſoûpire ;
L'Amour a bien ſervi la colere des Dieux.

### I P H I S.

Vous aimés ! Eh, quelle eſt la beauté qui vous
bleſſe ?

## ALCIDE.

La Reine....

### IPHIS.

O Ciel !

### ALCIDE.

La Reine a furpris ma tendreffe.
Dès le premier moment que je vis fes attraits,
Je fentis que mon cœur les aimeroit fans-cèffe ;
Je tâchai vainement d'en repouffer les traits.

### IPHIS.

Ah ! vous aimés votre foibleffe.

Si vous défendiés votre cœur ,
L'Amour ne s'en rendroit pas maître ;
Et vous en feriés le vainqueur ,
Si vous ne craigniés pas de l'être.

Mais redoutés du moins le dépit furïeux
De la fille de Tiréfie :
Elle tient à fes loix la Nature affervie ,
Ses charmes font pâlir la lumière des cieux.
Vous n'avés pu l'aimer ; fon art , fa jaloufie
Peuvent en un inftant la conduire en ces lieux :
Prévenés fes fureurs.

B ij

### *A L C I D E.*

L'Amour a la victoire :
C'est en vain qu'un grand cœur résiste à ses attraits.
Les vains murmures de la gloire
Donnent encor plus de force à ses traits.

### *I P H I S.*

Omphale vient ; le peuple avec elle s'avance ;
C'est à vous seul qu'il doit sa délivrance :
Voyés tous ces drapeaux ornés de vos exploits.

### *A L C I D E.*

Omphale, cher Iphis, est tout ce que je vois.

✳✳✳✳✳✳✳✳✳✳✳✳✳✳✳✳✳✳

# SCÈNE IV.

ALCIDE, OMPHALE, IPHIS.

*Troupe de LIDIENS portant des Drapeaux, où font repréfentés les travaux d'ALCIDE.*

### ALCIDE.

BElle Reine, votre préfence
Pay oit tous mes travaux d'un affés grand bonheur :
Falloit-il à ce bien ajoûter tant d'honneur?

### OMPHALE.

Vous avés en ces lieux rétabli ma puiffance.
Un monftre fur mon peuple exerçoit fa fureur ;
Votre bras redoutable en a pris la vengeance :
Je vous demande encor, pour dernière faveur,
    De fouffrir ma reconnoiffance.
Chantés le digne fils du plus puiffant des Dieux ;
Chantés, portés vos voix & fon nom jufqu'aux
    cieux.

### CHŒUR.

Chantons le digne fils du plus puiffant des Dieux ;
Chantons, portons nos voix & fon nom jufqu'aux
    cieux.

                   ( *On danfe.* )

## C H Œ U R.

Chaque inſtant redouble ſa gloire,
Il eſt digne de nos autels :
Il ne veut ſur ſes pas enchaîner la victoire
Que pour le repos des mortels.

( On danſe. )

*Une* BERGERE, *alternativement avec le* CHŒUR.

Après le cours de nos alarmes,
Quels charmes
Viennent ſécher nos larmes !
On n'entend plus le bruit des armes :
Nos âmes reſſentent vos bienfaits.

### *L A* B E R G E R E.

Vous avés rempli notre attente :
Qu'on chante :
La paix ſera conſtante ;
Ah ! quels biens peuvent valoir ſes attraits ?

### *L A* B E R G E R E *&* le CHŒUR.

Après le cours , *&c.*

### *L A* B E R G E R E.

Amour, nous chériſſons ta chaîne.
Bannis les maux, bannis la peine :

Viens, enchaîne
Des cœurs foûmis à tes coups ;
Règne fur nous.
Rien n'eft fi doux
Que ton ivreffe ;
Ah ! goûtons-la fans-cèffe.

*LA BERGERE & le CHŒUR.*

Après le cours de nos allarmes,
Quels charmes, *&c.*

*(On danfe.)*

*ALCIDE, à OMPHALE.*

Ceffés ces vains honneurs que vous me faites rendre :
Je n'entends point ces chants, je ne vois point ces
jeux ;
Mes foûpirs, malgré moi, vous font affés entendre
Qu'un autre prix eft l'objet de mes vœux.

*OMPHALE.*

Songeons à terminer cette fête éclatante ;
Sur les autels des Dieux, auteurs de nos deftins,
Allons tous confacrer les armes des mutins,
Et du monftre vaincu la dépouille fanglante.

*( Les LIDIENS entrent, avec ALCIDE & OMPHALE,*
*dans le Temple de JUPITER, en difant:)*

Chantons le digne fils du plus puiffant des Dieux;
Chantons, portons nos voix & fon nom jufqu'aux
cieux.

*FIN DU PREMIER ACTE.*

ACTE

# ACTE SECOND.

Le Théâtre repréſente le Palais d'OMPHALE.

## SCENE PREMIERE.

OMPHALE, CÉPHISE.

### CÉPHISE.

ALCIDE vous a fait l'aveu de ſon ardeur,
　　Rien ne manque à votre victoire :
Qu'il doit vous être doux de régner dans un cœur
　　Qui n'a rien aimé que la gloire !
Jouïſſés du bonheur de l'avoir enflâmé.

### OMPHALE.

Le plus grand de mes maux eſt de l'avoir charmé.

### CÉPHISE.

Que dites-vous ! pourquoi vous en faire un ſuplice ?

C

### O M P H A L E.

Que de raisons pour m'allarmer !
Je lui dois tout, il m'aime, & je ne puis l'aimer.
J'éprouve de l'Amour le plus cruël caprice.

### C É P H I S E.

Eh ! quel autre mortel a su plaire à vos yeux ?

### Ò M P H A L E.

De tous les héros qu'en ces lieux
Attira la fureur d'un monſtre redoutable,
Vous savés trop qu'Alcide eſt le plus glorïeux ;
    Savés-vous moins quel eſt le plus aimable ?

### C É P H I S E.

Eſt-ce Iphis que vous aimeriés ?

### O M P H A L E.

En pénétrant mon choix, vous le juſtifiés.
Il fut de ma fierté l'écueil inévitable,
Mon cœur, trop affoibli, se laîſſa déſarmer ;
    Et, fans prévoir qu'Alcide dût m'aimer,
Je fentis feulement qu'Iphis étoit aimable...
Il paroît .. Mais, avant qu'il fache mon ardeur,
Pénétrons, s'il fe peut, le fecret de fon cœur.

( CÉPHISE fort.)

# SCÊNE II.

## OMPHALE, IPHIS.

### *IPHIS.*

JOuïſſés de votre conquête,
Vous allés recevoir l'hommage le plus doux :
Belle reine, je viens vous annoncer la fête
     Qu'Alcide prépare pour vous.
De vos divins attraits il reconnoît l'empire ;
Lui-même il me convie à ſervir ſon ardeur.

### *OMPHALE.*

Iphis, c'eſt en vain qu'il ſoûpire ;
Un autre a prévenu ce héros dans mon cœur.

### *IPHIS.*

Ciel ! quel funeſte aveu venés-vous de me faire !
Eh, quel eſt cet amant que votre cœur préfere ?
     Alcide ſeul devroit vous enflâmer.

### *OMPHALE.*

N'en eſt-il point, Iphis, qui ſache mieux aimer ?

### *IPHIS.*

Il n'en eſt pas-du moins de plus digne de plaire.
C ij

### OMPHALE.

Celui qui m'a foûmife au pouvoir des Amours,
Méritoit le mieux cette gloire ;
Mes yeux me le difent toûjours,
Et mon cœur fe plaît à les croire.

### IPHIS.

Dieux ! quels font mes tourments !

### OMPHALE.

D'où naiffent vos foûpirs ?

### IPHIS.

( *à part.* )        ( *à OMPHALE.* )
Quel trouble !.. D'un ami, je plains les déplaifirs.

Aimés un héros qui vous aime,
Sa vertu, fa gloire eft extrême ;
Brîfés vos premiers fers pour ce nouveau vain-
queur.
Quand, malgré moi, vos yeux auroient féduit mon
cœur,
Je trahirois mon amour même
Pour votre gloire & fon bonheur.
Tout vous dit de changer quand Alcide vous aime.

## OMPHALE.

Si vous aimiés, Iphis, changeriés-vous de même?

## IPHIS.

Je ferois pour ma gloire un généreux effort.

## OMPHALE.

Mon cœur est plus tendre & moins fort.
Vous vous troublés... d'où naît cette douleur mortelle?

## IPHIS.

Ah, c'est trop, m'accâbler, cruëlle!
Vous voyés, malgré moi, mon crime & mon tour-
        ment;
        Mon cœur éprouve en ce moment
        La douleur d'un ami fidele
Et l'affreux désespoir d'un malheureux amant.

## OMPHALE.

Que dites-vous, Iphis?

## IPHIS.

        Ce que je ne puis taire.
Je vous fais un aveu que je vais expier,

Et, si je vous apprends un amour témeraire,
Ma mort vous aidera bien-tôt à l'oublier.

### OMPHALE.

Arrêtés... mais, o ciel! j'apperçois son rival....
Quelle contrainte, hélas! quel spectacle fatal!

# SCÊNE III.

## ALCIDE, OMPHALE.

*Les REBELLES enchaînés, conduits par des HÉROS de diverses Nations, qui ont servi ALCIDE.*

### ALCIDE.

JE remèts ces mutins sous vos loix souveraines;
Leur repentir vous répond de leur foi.

### OMPHALE.

Je veux tout oublier: qu'on leur ôte ces chaînes.

### ALCIDE.

Ne pourrai-je à mon tour vous attendrir pour moi?
Mes transports, mes soûpirs seront mes seules armes;
Je veux, par mille soins, vous prouver mes ardeurs.
Recevés, dans ces jeux, un essai des honneurs
    Que je prétends rendre à vos charmes.

(On danse.)

*ALCIDE*, *d'abord seul*, *& ensuite*
avec le *CHŒUR*.

Joignés tous vos voix,
Chantés votre Reine,
L'Amour fous fes loix
Pour-jamais m'enchaîne.
Ses yeux à l'Amour ont prêté des armes,
Chantés tour à tour
L'excès de fes charmes,
Et de mon amour.

(*On danfe.*)

*UNE THEBAINE*, *alternativement*
avec le *CHŒUR.*

Tôt ou tard, il faut fe rendre
Au doux charme des Amours :
En vain on ôfe prétendre
De s'en garentir toûjours.
Tôt ou tard, *&c.*

La raifon, pour s'en deffendre,
Eft un impuiffant fecours.
Tôt ou tard , *&c.*

(*On danfe.*)

(*La fête eft troublée par des Démons : ils volent de
tous côtés avec des feux, & brifent les ornements
du palais.*)

## C H Œ U R.

Quel trouble! quelle horreur foudaine!
Quel Dieu s'offenfe de nos jeux ?
L'enfer contre nous fe déchaîne,
Il vomit ici tous fes feux.

(*Argine paroît fur un dragon.*)

SCÊNE

# SCÈNE IV.

## ALCIDE, ARGINE.

### ALCIDE.

QUe vois-je?.. c'eſt Argine, o Dieux !
Que je crains ſa jalouſe rage !

### ARGINE.

Alcide, par l'horreur qui m'annonce en ces lieux,
Comprends ce queje puis pour venger mon outrage.
Quoi ? pour moi la Phrigie aura vu tes mépris ;
Envain j'aurai brûlé d'une ardeur ſans égale ;
C'eſt donc peu que ta fuite en ait été le prix,
Dois-je trouver encore une heureuſe rivale !
Mais ta flâme eſt pour elle un inutile bien ;
Je romprai tous les nœuds que l'Amour vous deſtine:
Je percerai plûtôt & ſon cœur & le tien ;
Et Junon eſt pour toi moins à craindre qu'Argine.

### ALCIDE.

Pourquoi dans ce ſéjour répandre tant d'horreur ?
　　La crainte eſt-elle ma foibleſſe ?
Tout l'enfer en couroux ne pourroit ſur mon cœur.
　　Ce que n'a pu votre tendreſſe.

D

Je voulois de l'Amour fuir à jamais la loi ;
Mais les Dieux ennemis m'y rangent, malgré moi
Et Junon a choisi le trait dont il me blesse.

### A R G I N E.

Va, ne fais point aux Dieux des reproches si vains,
Ils ne t'embrâsent point d'une ardeur invincible :
Ingrat ! c'est dans ton cœur, trop foible & trop
    sensible,
 Qu'il faut chercher ces Dieux, dont tu te plains.
Ah ! si l'Amour devoit toucher ton âme,
  Que ne partageois-tu la flâme
  Dont mon cœur étoit embrâfé ?
Tu croyois que l'amour étoit une foiblesse ;
Mais du-moins mes soûpirs, mes larmes, ma ten-
   dresse,
  Ne t'auroient que trop excufé.

### A L C I D E.

Les Amours par vos mains m'offroient de douces
   chaînes,
Les plaifirs m'appelloient fous votre aimable loi ;
Mais le fort me condamne à d'éternelles peines :
 Les jours heureux ne font pas faits pour moi.
  Un funefte feu me dévore ;
Malgré moi-même, Omphale...

### *A R G I N E.*

Inutiles difcours.
Que ne dis-tu, cruël, fans tous ces vains détours,
Que ton cœur me hait & l'adore ?
C'en eft trop, & je veux te haïr à mon tour.
Cédons au tranfport qui m'entraîne...
Mais, hélas ! ce tranfport eft un tranfport d'amour.
C'eft envain qu'à tes yeux j'appellerois la haîne :
Faut-il que notre cœur ne nous puiffe obéir !
Ne faurois-tu m'aimer ? ne puis-je te haïr ?

### *A L C I D E & A R G I N E.*

Amour ! quelle furie empoifonne tes flâmes,
Et quel démon forge tes traits ?
Lieu barbare, tu ne te plais
Qu'à porter avec toi le trouble dans nos âmes.

### *A L C I D E.*

Non, malgré mes efforts, non, malgré mes regrèts,
'e ne puis m'arracher à fon cruël empire.

### *A R G I N E.*

Il me fuit, & pour lui mon lâche cœur foûpire.

# SCÈNE V.

*ARGINE, feule.*

O Rage ! o défefpoir ! o barbare fureur !
Venés venger l'Amour, qui gémit dans mon cœur.

On fait fervir mes feux au triomphe d'une autre,
Éteignés mon ardeur, allumés mon couroux,
    Armés mon bras & conduifés mes coups :
Sur la rigueur d'Alcide il faut régler la vôtre.

O rage ! o défefpoir ! o barbare fureur !
Venés venger l'Amour, qui gémit dans mon cœur.

Mais Alcide fe plaint de la fierté d'Omphale ;
Le haît-elle ?.. Je veux pénétrer dans fon cœur ;
Et fi je reconnois qu'Alcide eft fon vainqueur,
Frappons, n'épargnons point une heureufe rivale.

O rage, *&c.*

## FIN DU SECOND ACTE.

# ACTE TROISIEME.

*Le Théâtre repréſente les Jardins D'Omphale*

## SCÉNE PREMIERE.

*Omphale, ſeule.*

Digne objet d'une flâme éternelle,
Viens ſuſpendre mes maux , viens calmer mes
douleurs :
C'eſt ma voix qui t'appelle ;
En t'offrant à mes yeux, viens en tarir les pleurs.
Hélas ! o contrainte cruëlle !
J'ai caché mes ſoûpirs aux yeux de mon vainqueur ;
Hélas ! que n'a-t-il vu mon cœur ?

## SCÉNE II.

### OMPHALE, ARGINE.

### *ARGINE.*

C'Eſt elle ; ſuſpendons le couroux qui m'enflâme ;
Sachons le ſecret de ſon âme.

### *OMPHALE, ſans voir ARGINE.*

Je n'ai pu, cher amant, te découvrir mes feux ;
Ton péril m'a fait vïolence ;
L'aveu de mon amour alloit combler tes vœux,
Un ſpectacle fatal m'a contrainte au ſilence :
Pardonne-moi l'erreur qui nous rend malheureux !
De ton deſtin je craignois de t'inſtruire ;
Mon aveu t'expôſoit à des maux rigoureux,
Je t'aimois trop pour te le dire.

Mais je dois voir les jeux que mon peuple m'apprête ;
Heureuſe, ſi l'Amour y conduit mon héros !
Mais, hélas ! quelle triſte fête,
Si je n'y puis finir ſon erreur & mes maux !

# SCÊNE III.

*ARGINE, seule.*

NOn, je n'en doute plus, c'eſt Alcide qu'elle aime,
    Elle me l'apprend elle-même :
Au moment que mon art a fait ceſſer leurs jeux ;
    Elle alloit déclarer ſes feux.

Pour l'ingrat, qui me fuit, ſon amour l'intimide :
Elle aime, elle eſt aimée ; o Ciel, quel déſeſpoir !
Qu'elle meure ; il eſt tems que mon couroux décide ;
    Elle ne verra plus Alcide :
Que ne périſſoit-elle avant que de le voir !

( On entend une ſimphonie. )

    Démons, volés à ma vengeance !
Contre Alcide, mon art a trop peu de puiſſance,
Que j'immole du-moins Omphale à mon tranſport.

On vient, on va chanter le jour de ſa naiſſance ;
    Que ce ſoit celui de ſa mort.

Trompés ſes yeux, ſervés la fureur qui m'anime,
    Enchantés-la, pour être ma victime.

## S C È N E  IV.

### O M P H A L E, C É P H I S E.

*TROUPE de GRECS & de GRECQUES choisis pour chanter la naissance d'OMPHALE. Elle se place sur un trône de fleurs pour voir la fête.*

### C É P H I S E.

CÉlébrés le jour mémorable
Où le destin d'Omphale a commencé son cours ;
    C'est de ce moment favorable
    Que dépendoient vos plus beaux jours.

### C H Œ U R.

Célébrons le jour mémorable
Où le destin d'Omphale a commencé son cours ;
    C'est de ce moment favorable
    Que dépendoient nos plus beaux jours.

### C É P H I S E.

    Vos plaisirs sont nés avec elle ;
    Unissés vos cœurs & vos voix.
Que vos jeux, que vos chants signalent votre zele.
Puissiés-vous aux regards d'une reine si belle,
    Les offrir encor mille fois !

*CHŒUR.*

## C H Œ U R.

Ah ! qu'il eſt doux de vivre ſous ſes loix.

*( On danſe. )*

## C É P H I S E.

Dans un ſi beau jour , tout doit s'enflâmer ;
Le tems heureux des jeux eſt le tems d'aimer.

> Le plus fier doit être
> Senſible à ſon tour :
> L'Amour nous fait naître ;
> Vivons pour l'Amour.

Dans un ſi beau jour , tout doit s'enflâmer ;
Le tems heureux des jeux eſt le tems d'aimer.

> Que l'Amour nous lie
> De ſes plus beaux nœuds :
> De quoi ſert la vie
> Sans ſes tendres feux ?
> Sans eux , tout ennuie ,
> Tout plaît avec eux.

Dans un ſi beau jour , tout doit s'enflâmer ;
Le tems heureux des jeux eſt le tems d'aimer.

*( On danſe. )*

## O M P H A L E.

C'eſt aſſés : votre zele a brillé dans ces jeux ;
Mais j'ai beſoin d'un peu de ſolitude.

E

Le Ciel feconde mal vos vœux ;
Laiffés-moi m'occuper de mon inquïétude.

(*CÉPHISE & le peuple fe retirent : des Démons
fortent des enfers, & enchantent OMPHALE fur
le trône de fleurs où elle eft affife.* )

✿✿✿✿✿✿✿✿✿✿✿✿✿✿:✿:✿✿✿✿✿✿✿✿✿✿✿✿

# SCÈNE V.

OMPHALE, enchantée, ARGINE.

*ARGINE , le poignard à la main.*

SA mort va me venger du pouvoir de fes yeux :
Je vais jouïr enfin de la douceur extrême
    De verfer ce fang odïeux ,
    Qui brûle pour l'ingrat que j'aime !

Frappons, rien ne peut plus retenir mon couroux :
Quel plaifir !… mais , hélas ! mon amour l'empoi-
        fonne ;
J'envie, en la frappant, la mort que je lui donne ,

✕✕✕✕✕✕✕✕✕✕✕✕✕✕✕◇✕✕✕✕✕✕✕✕✕✕✕✕✕✕✕

# SCENE VI.

## ARGINE, OMPHALE, ALCIDE.

*ALCIDE , en arrachant le poignard des mains*
*d'ARGINE.*

Ciel , que vois-je !

### ARGINE.

Ah ! Cruël, c'eſt toi qui me déſarmes ;
Tu m'arraches ce fer vengeur :
Acheve, qu'il te ſerve à venger tes allarmes ;
Puiſqu'il eſt dans tes mains , plonge-le dans mon
　　cœur.

### ALCIDE.

O Dieux ! en vous cherchant que j'ai craint pour ſa
　　vie !
　　Cruëlle , quelle barbarie !
C'eſt contre moi qu'il faut armer votre couroux.
Que cent montres affreux , évoqués par vos charmes ,
　　Contre mes jours ſe réuniſſent tous ;
Je verrai , ſans effroi , tous les enfers en armes ,
Et je les combattrai , ſans me plaindre de vous :
　　Mais reſpectés l'objet qui m'a ſu plaire ;
　　Épuiſés ſur moi vos rigueurs.

E ij

*A R G I N E.*

Eſt-ce en me feſant voir combien elle t'eſt chere,
     Que tu prétends déſarmer mes fureurs ?
Il faudroit la haïr, pour calmer ma colere :
Mais, barbare ! l'Amour te fait une autre loi.
Ma rivale t'inſpire une ardeur trop fidele ;
Je ne puis t'inſpirer que l'horreur & l'effroi.
Va, tu m'as trop appris à devenir cruëlle :
Vengeons-nous, vengeons-nous de ta haîne pour ﬁ
     Et de ta tendreſſe pour elle.

*A L C I D E.*

     Quelle eſt l'erreur où je vous voi ?
Non, je ne vous haîs point.

*A R G I N E.*

         Que fais-tu donc ?.. tu l'aimes !

*A L C I D E.*

L'Amour ſoûmet nos cœurs, malgré nous-mêmes.

*A R G I N E.*

     Le tien brûle pour ſes appas,
     Barbare ! & c'eſt ce qui m'outrage.
Quand tu me haïrois mille fois davantage,
Mon ſort ſeroit trop doux, ſi tu ne l'aimois pas.

Mais tu fais gloire, ingrat, de l'amour qui t'engage :
Voilà mon désespoir ton crime , & son arrêt.

(*Elle veut reprendre le poignard des mains d'*ALCIDE.)

Donne , donne ce fer ; que l'objet qui te plaît
Expirant à mes yeux.....

### A L C I D E.

      Ciel ! quelle est votre rage?

### A R G I N E.

Tu frémis!... c'est l'Amour qui t'apprend à trembler.
Hé bien , cruël, c'est moi que tu dois immoler.
Tant que ce cœur vivra , crains qu'elle ne périsse :
   Frappe , préviens par mon suplice
   Une main prête à l'accâbler ;
Frappe !

### A L C I D E.

  Vivés, Argine , & laissés vivre Omphale ;
Calmés cet affreux désespoir.

### A R G I N E.

C'est donc trop peu pour toi d'adorer ma rivale,
Tu veux me condamner à l'horreur de le voir.
Non , c'est trop la laisser triompher de mes charmes,
Enlevés-la, Démons, & vengés mes allarmes ;
Annoncés-lui la mort, pour prix de son ardeur.

   (*On enleve* OMP. . .  .)

### A L C I D E.

Ah! tant de barbarie irrite mon courage.

### ALCIDE & ARGINE.

Je fens trïompher dans mon cœur
Le dépit, la haîne & la rage:
Tremblés! dans un cœur qu'on outrage,
L'amour au défefpoir fait naître la fureur.

### A R G I N E.

Mes yeux vont, malgré toi, jouïr de fon fuplice.

### A L C I D E.

Je ne vous quitte point: s'il faut qu'elle périffe,
Vous voyés fon amant, vous verrés fon vengeur.

### ARGINE & ALCIDE.

Je fens trïompher dans mon cœur
Le dépit, la haîne & la rage:
Tremblés! dans un cœur qu'on outrage,
L'amour au défefpoir fait naître la fureur.

## FIN DU TROISIEME ACTE.

# ACTE QUATRIEME.

*Le Théâtre repréfente une Solitude, où A R G I N E fait fes enchantements.*

# SCÊNE PREMIERE.

### *I P H I S, feul.*

QUoi ? je vis , malheureux ! eh , qu'eft - ce que
       j'efpere ?
Un autre a fu charmer l'objet qui m'a fu plaire ;
Pourquoi traîner ici de miferables jours ?
Ce fer devoit éteindre une ardeur témeraire ;
Faut-il que ma douleur me foit encor fi chere ,
Que je n'ôfe, en mourant, en terminer le cours !

     Que nos jours font dignes d'envie
     Quand l'Amour répond à nos vœux !
     L'amour, même le moins heureux,
     Nous attache encore à la vie.

*****************************************

# SCÊNE II.

### IPHIS, ALCIDE.

### IPHIS.

QUe vois-je! où courés-vous, Alcide ?

### ALCIDE.

Tu vois un malheureux que le défefpoir guide.

La Reine en ce moment fatal,
Aux yeux d'Argine, prête à terminer fa vie,
Vient de me déclarer le bonheur d'un rival.
Ce mot, d'Argine a calmé la furie ;
Mais en des maux affreux il vient de me plonger,
Et mon amour a fait place à la rage.

### IPHIS.

Ah ! nommés le mortel dont l'ardeur vous outrage,
Et laiffés-moi l'honneur de vous venger.

### ALCIDE.

Tout trompe, cher Iphis, ma fureur & ton zele :
Contre un rival caché que fert tout ce couroux ?
Je m'en informe en vain, rien ne me le révele,
Et j'ignore où porter mes coups.

Mais,

Mais je ſaurai percer la nuit obſcure
Qui le dérobe à mon reſſentiment ;
Et je veux voir coûler, pour laver mon injure,
Et les pleurs de l'amante & le ſang de l'amant.

# SCÈNE III.

### ALCIDE, ARGINE.

#### *ARGINE.*

SUr tes pas mon amour m'amene.
T'offrirai-je toûjours une tendreſſe vaine ?
Tu viens de voir le fruit d'un odïeux amour ;
Omphale....

#### *ALCIDE.*

Vous ſavés ſa haîne,
Je la haîs moi-même à mon tour ;
La colere ſuccede à ma tendreſſe extrême :
Secondés mes ſanglants projèts ;
Vous pouvés, par votre art, découvrir ce qu'elle aime.

#### *ARGINE.*

C'eſt donc ainſi, cruël, que tu la haîs ?
Ah, que ne me haîs-tu de même !

F

*A L C I D E.*

Vous prenés ma fureur pour un amour jaloux ?
Non, non, la gloire seule anime mon couroux.
Je veux venger ici l'injure qu'on m'a faite :
Il faut que mon rival y meure sous mes coups.

*A R G I N E.*

C'est Omphale, & non pas ton rival qui t'arrête.

*A L C I D E.*

Nommés-le, je me venge, & je pars avec vous.
Hâtés-vous de répondre à mon impatience :
Je sens, à chaque instant, mon couroux s'allumer.

*A R G I N E*

Va, ne prends point d'autre vengeance
Que de partir & de m'aimer.

*A L C I D E.*

Non, si je vous suis cher, contentés mon envie.

*A R G I N E.*

Est-ce à moi de servir ton amoureux transport ?

*A L C I D E.*

A la seule fureur mon âme est asservie :
Consultés le Destin, faites-vous cet effort.
Que mon rival perde la vie ;
Mon cœur est libre après sa mort.

*A R G I N E.*

Sera-t-il libre, hélas! quand Omphale éplorée....

*A L C I D E.*

Ah! puisse-t-elle aussi mourir désespérée!

*A R G I N E.*

Je cede; c'est pour moi que je fais cet effort:
J'apprendrai mon destin, en apprenant ton sort.

# SCENE IV.

ARGINE, ALCIDE,

*Troupe de* MAGICIENS.

*A R G I N E.*

QUe le jour pâlissant, fasse place aux ténebres:
Et vous, qui sous mes loix commandés aux enfers,
        Hâtés-vous, traversés les airs,
Et venés célébrer nos misteres funebres.

*CHŒUR DE MAGICIENS.*

Nous obéissons à ta voix.
Ordonne: nous suivrons tes loix.

*A R G I N E.*

Que tout serve en ces lieux le transport qui m'inspire;

Qu'on éleve un autel au Dieu du noir empire :
Et vous, rendés Pluton propice à mes efforts.
            Que vos clameurs touchent les morts ;
            Que la terre ouvre ses abîmes ;
Qu'ils laîssent parvenir, jusques aux sombres bords,
            Les cris & le sang des victimes.

### C H Œ U R.

Que nos clameurs, &c.
            ( *On fait un sacrifice à* PLUTON. )

### A R G I N E.

Pluton répond à nos souhaits ;
Un mouvement secret m'en apprend le succès.

                        ( *On danse.* )

### A R G I N E.

            Quel transport saisit mes esprits ?
Où suis-je !.. je frémis.... que vois-je ! je m'égare :
D'une soudaine horreur tous mes sens sont surpris,
            Je vois l'effroyable Ténare ;
            Je vois sur les bords soûterreins
            L'Ombre de Tiréfie errante...
Arrête !.. elle m'entend, & d'une main tremblante,
Elle offre à mes regards le Livre des Destins.

Qu'y vois-je, malheureuse ! o désespoir funeste !
L'ingrat, cent fois charmé, n'évite que mes fers !..
Que la foudre s'allume & m'abîme aux enfers !

Ôtés-moi, Dieux cruëls! le jour que je déteste.

Tremble, toi-même, Ingrat, frémis! vas, dès ce jour
Voir ton rival heureux au temple de l'Amour :
Vas, que le désespoir, la fureur & la rage
S'unissent contre toi, pour venger mon outrage.

Tout fuit, tout disparoît ! quel cahos ! quelle hor-
　　reur !
Soûtenés-moi ; je meurs d'amour & de douleur.

# S C È N E   V.
## A L C I D E ,  *seul.*

QU'ai-je entendu , grands Dieux ? quel funeste
　　présage !
C'est donc le prix fatal que me gardoit l'Amour ?
La Reine & son amant, malgré toute ma rage,
　　Doivent être unis, dès ce jour !

O Dieux! que je me fais une image cruëlle
Du triomphe prochain de ces heureux amants !
Tous deux volent au temple où l'Himen les appelle;
Je vois tous leurs transports, j'entends tous leurs ser-
　　ments !

Que leurs âmes font attendries !
Le flambeau de l'Amour brille devant leurs pas :
Tandis que celui des Furies
Porte au fond de mon cœur la rage & le trépas !..

Ah , périſſe avec moi l'Ingrate & ce qu'elle aime !
Allons à leur himen oppôſer mon tranſport :
Que l'autel renverſé , le Dieu brîſé lui-même ,
Que le temple , détruit dans ma fureur extrême ,
Nous uniſſe tous par la mort.

*FIN DU QUATRIEME ACTE.*

# ACTE CINQUIEME.

*Le Théâtre repréfente le Temple de l'Amour.*

# SCENE PREMIERE.

## O M P H A L E , *feule.*

AMOUR ! à mon amant va révéler ma flâme,
  Vole ; viens régner dans fon âme.
  Si tu veux me donner le prix
  De mes foûpirs & de mes larmes,
Au héros que je crains, cache mes foibles char-
   mes ,
  Redouble - les aux yeux d'Iphis.
Amour ! à mon amant, va révéler ma flâme,
  Vole, viens régner dans fon âme.
Mais on vient. A l'Amour j'ai préparé ces jeux,
Et je lui vais offrir mon hommage & mes vœux.

## S C È N E  I I.

**OMPHALE, Prêtresses de l'Amour.**

### *O M P H A L E & le CHŒUR.*

Chantés l'Amour, chantés fa flâme,
Chantés le maître de votre âme.

### *O  M  P  H  A  L  E.*

Faites retentir ce féjour
Des doux plaifirs qui vous enchantent.
Qui pourroit mieux chanter l'Amour
Que ceux qui le reffentent.

(*On danfe.*)

### *O  M  P  H  A  L  E, en facrifiant.*

A me favorifer que mon zele t'engage ;
Reçois ce vin facré, vois fumer cet encens :
Mais regarde encor plus la flâme que je fens ;
Je ne faurois t'offrir un plus parfait hommage.

(*La fête continue.*)

# SCÉNE III.

OMPHALE , IPHIS , ET LES CHŒURS.

### *O M P H A L E.*

O N vient... c'eſt Iphis qui s'avance ;
Mon hommage a touché les Dieux.

### *I P H I S.*

Omphale , pardonnés ſi je m'offre à vos yeux ;
Vous ne ſouffrirés pas longtems de ma préſence.

### *O M P H A L E.*

Ceſſés cet injuſte diſcours.
Iphis, il n'eſt plus tems de feindre ;
Votre abſence eſt pour moi le ſeul malheur à crain-
dre ,
Et mon unique bien eſt de vous voir toûjours.

### *I P H I S.*

Quel diſcours ? juſtes Dieux ! eſt-ce à moi qu'il s'a-
dreſſe ?

### *O M P H A L E.*

Connoiſſés enfin ma foibleſſe.

G

J'ai caché, malgré moi, mes feux jusqu'à ce jour ;
    C'eſt pour vous ſeul que je ſoûpire :
    Je ſens croître encor mon amour
    Par le plaiſir de vous le dire.

### I P H I S.

    Quel eſt l'excès de mon bonheur !
    Quel plaiſir enchante mon âme !
      L'aveu de votre ardeur
      Redouble encor ma flâme.

### O M P H A L E  &  I P H I S.

Ah ! répétés cent fois un aveu ſi charmant.

### I P H I S.

Vous ne pouviés aimer un plus fidele amant.

### O M P H A L E.

Que l'Himen de ſes nœuds nous uniſſe lui-même :
Trompons les yeux d'Alcide ; &, malgré ſes efforts...

### I P H I S.

Efeſant mon bonheur , cachés-moi qu'il vous aime.

### O M P H A L E.

C'eſt lui : que je crains ſes tranſports !

## SCÈNE DERNIERE.

### OMPHALE, IPHIS, ALCIDE, ET LES CHŒURS.

#### ALCIDE.

QUels funestes apprêts ! mon trouble s'en aug-
    mente :
    La rage déchire mon cœur !
Punissons mon rival & sa perfide amante ;
De leur sang, de leurs cris repaîssons ma fureur :
Où sont-ils ?.. Mais que vois-je ! ah ! c'est vous, in-
    humaine ;
    Barbare, c'est trop m'outrager !

#### OMPHALE.

Pardonnés à deux cœurs...

#### ALCIDE.

        Vous attendiés, cruëlle,
Ce mortel trop heureux qui vous a su toucher ;
Mais sa mort... Ciel, Iphis ! eh, que viens-tu cher-
    cher ?
Je le vois, l'amitié dans ce temple t'appelle ;
Tu venois m'immoler deux odïeux amants ;
Ah ! reçois-en le prix dans mes embrassements.

I P H I S.

Arrête.

A L C I D E.

Que fais-tu ?

I P H I S.

Non, c'eſt trop me confondre.

A L C I D E.

Ciel ! que viens-tu de me répondre ?
Iphis d'entre mes bras cherche à ſe dégager !
Il me fuit, le croirai-je, & n'eſt-ce point un ſonge?
Serois-tu ce rival dont je dois me venger ?
Ciel ! eſt-ce dans ton ſang qu'il faut que je me
　　　plonge?

I P H I S.

Qand l'Amour m'a bleſſé, j'ignorois ton ardeur ;
L'amitié qui nous lie, eût vaincu ma foibleſſe,
Je ne puis même encor ſoûtenir ta douleur :
　　Pardonne - moi ma flâme & ſa tendreſſe ;
Je vais, par mon trépas, expïer mon bonheur.

　　　　　　　( *Il veut ſe tuer.* )

O M P H A L E, *arrachant l'épée d'*I P H I S.

Que faites vous, Iphis?

## *ALCIDE.*

Vous tremblés pour fa vie !
Perfide, ce tranfport irrite mes fureurs :
Vengeons ma tendreffe trahie !
Mourés, ingrats, mourés, partagés mes douleurs...

Que fais-je ? arrête, Alcide, arrête :
Quoi ! veux-tu devenir l'horreur de l'univers ?
Quel trouble ! quels objèts à mes yeux font offerts ?
Tremblés ! la foudre eft toute prête ;
Je crois voir Jupiter au milieu des éclairs...

( *On entend une fimphonie douce.* )

Je t'entends, Dieu puiffant : j'allois céder au
        crime,
Ta voix vient dans mon cœur rappeller la vertu.
Hélas ! faut-il calmer la fureur qui m'anime ?
        Quel facrifice exiges-tu ?
Dieu barbare, mon cœur en fera la victime.

( *A OMPHALE & à IPHIS.* )

C'en eft trop, la raifon vient enfin m'éclairer ;
Elle domte à la fois mon amour & ma haîne.
Allés, uniffés-vous d'une éternelle chaîne,
        Je ne veux plus vous féparer.

Aimés-vous, oubliés ma honte & votre peine ;
Je ne vis plus que pour les réparer.

### OMPHALE & IPHIS.

Quel trïomphe ! quelle victoire !
Qu'il est beau de vaincre l'Amour !
Célébrons à-jamais le jour
De nos plaisirs & de sa gloire.

### C H Œ U R.

Quel trïomphe ! quelle victoire !
Qu'il est beau de vaincre l'Amour !
Célébrons à-jamais le jour
De nos plaisirs & de sa gloire.

( *On danse.* )

### I P H I S, *seul & avec le* C H Œ U R.

Du Dieu charmant qui regne sur les cœurs
Que les plus doux accords célebrent la puissance.
Si quelquefois les traits qu'il lance
Nous coûtent des soûpirs, nous font verser des
pleurs ;
D'un soûrire, il nous récompense,
Et sur nos pas fait éclore les fleurs.

Que les plus doux acccords célebrent la puiſſance.
Du Dieu charmant qui regne ſur les cœurs.

( *Un divertiſſement général termine l'Opera.* )

**F I N.**

---

## *APPROBATION.*

J'Ai lu, par ordre de Monſeigneur le Chancelier, l'Opera d'*OMPHALE*, & je n'y ai rien trouvé qui doive en empêcher l'impreſſion. A Paris, le premier Avril 1769.

DUCLOS.

www.ingramcontent.com/pod-product-compliance
Lightning Source LLC
LaVergne TN
LVHW021822170726
843503LV00007B/3320